빈 산

국립중앙도서관 출판시도서목록(CIP)

빈 산 / 지은이: 김지하. -- 양평군 : 시인생각, 2013
  p. ; cm. -- (한국대표명시선 100)

"김지하 연보" 수록
ISBN 978-89-98047-85-6 03810 : ₩6000

한국 현대시[韓國 現代詩]

811.62-KDC5
895.714-DDC21   CIP2013012940

한국대표
명시선
100

김지하

빈산
시인생각

■ 시인의 말

우습다.
시절이 희안하다.
정치, 경제, 과학, 사상, 그리고 종교까지도 시원찮단다. 브라질이나 터키, 동유럽까지도 아니 거의 세계 전체가 가난을 근원적으로 극복하는 〈신시神市〉 스타일의 질 높은 사회적 길과 숭고하고 심오한 민주주의를 요구해서 거리 데모까지 시도한다.
몇 년 후엔 거의 3, 4백억 수준의 세계인이 이 요구를 하게 될 것 같다. 단순히 글로벌 중산층의 배부른 장난이라고 욕할 수만 있을까. 아니면 우주생명 자체의 질적 전환인가. 알 수 없다.
나는 이에 대한 우리의 당장의 관심과 접근을 『빈 산』이라는 시들로 밖에는 표현할 도리가 없다. 알아서 읽어주기 바란다.

2013년 여름
김 지 하

■ 차 례 ———————————— 빈 산

시인의 말

1
황토길   13
서울길   16
황불   18
산정리山亭里 일기日記   20
비녀산   22
녹두꽃   24
빈 집   26
우물   28
모래내   30
남쪽   32

한국대표명시선100 김 지 하

2

백방 1　　35

백방 2　　36

백방 3　　37

불귀不歸　　38

비　　40

지리산　　42

타는 목마름으로　　44

빈 산　　46

새　　48

무실리의 그 하얀 날　　50

3

서시 : 소를 찾아나서다　55
안산　56
초파일 밤　58
남한강에서　60
애린 50　62
무화과　63
바다　64
눈 내릴 때면　65
빗장 질린 문　66
달램　68

4

겨울거울 2   71

회귀   72

쉰   74

생명   75

척분滌焚   76

줄탁啐啄   77

목련   78

예전엔   79

새봄 7   80

중심의 괴로움   82

5

나 한때 85

겨울 새벽 88

꽃 90

흰 그늘 92

못난 시 4 94

숲 속의 작은 공터 98

용문龍門 100

흰 꽃 102

달 104

나의 운명 105

김지하 연보 108

1

황톳길

황톳길에 선연한
핏자욱 핏자욱 따라
나는 간다 애비야
네가 죽었고
지금은 검고 해만 타는 곳
두 손엔 철삿줄
뜨거운 해가
땀과 눈물과 모밀밭을 태우는
총부리 칼날 아래 더위 속으로
나는 간다 애비야
네가 죽은 곳
부줏머리 갯가에 숭어가 뛸 때
가마니 속에서 네가 죽은 곳

밤마다 오포산에 불이 오를 때
울타리 탱자도 서슬 푸른 속니파리
뻗시디 뻗신 성장처럼 억세인
황토에 대낮 빛나던 그날
그날의 만세라도 부르랴
노래라도 부르랴

대숲에 대가 성긴 동그만 화당골
우물마다 십 년마다 피가 솟아도
아아 척박한 식민지에 태어나
총칼 아래 쓰러져간 나의 애비야
어이 죽순에 괴는 물방울
수정처럼 맑은 오월을 모르리 모르리마는

작은 꼬막마저 아사하는
길고 잔인한 여름
하늘도 없는 폭정의 뜨거운 여름이었다
끝끝내
조국의 모든 세월은 황톳길은
우리들의 희망은

낡은 짝배들 햇볕에 바스라진
뻘길을 지나면 다시 모밀밭
희디흰 고랑 너머
청천 드높은 하늘에 갈리던
아아 그날의 만세는 십 년을 지나
철삿줄 파고드는 살결에 숨결 속에

너의 목소리를 느끼며 흐느끼며
나는 간다 애비야
네가 죽은 곳
부줏머리 갯가에 숭어가 뛸 때
가마니 속에서 네가 죽은 곳.

서울 길

간다
울지 마라 간다
흰 고개 검은 고개 목마른 고개 넘어
팍팍한 서울 길
몸 팔러 간다

언제야 돌아오리란
언제야 웃음으로 화안히
꽃피어 돌아오리란
댕기 풀 안쓰러운 약속도 없이
간다
울지 마라 간다
모질고 모진 세상에 살아도
분꽃이 잊힐까 밀 냄새가 잊힐까
사뭇사뭇 못 잊을 것을
꿈꾸다 눈물 젖어 돌아올 것을
밤이면 별빛 따라 돌아올 것을

간다
울지 마라 간다

하늘도 시름겨운 목마른 고개 넘어
꽉꽉한 서울 길
몸 팔러 간다.

황불

갔네
황불이 일어
하늬도 소소리도
회오리도 없이 고인 불
잠 속에 고인
불 속에 깊이 고인 불 속에 내린
육신의 육신의 뿌리에 내린
쳐라 신명을 타내리네
황불이 일어
내리는 빗발이
솟구치는 육신의 휘모리에 타내리네
신명을 타내리네
황불이 황불이 황불이 일어 쳐라
나의 물덩어리 너는 물덩어리
나는 너의 불덩어리
차라리 서로 부딪쳐 파열해 버려야만
속 시원할 난장의 빗발 아래
황불이 일어
갔네
육신에 내리친 계엄의 미친

저 난장 위에 저 총창 위에 저 말발굽 위에
저 바리케이드 위에도 되게 쳐라
활활활 황불이 일어
갔네
개처럼 끌려갔네
하늬도 소소리도 회오리도 없이 고인 불
황불이 일어.

산정리山亭里 일기日記

나를
여기에 묶는 것은 무엇이냐
뜨거운 햇발 아래 하얗게 빛날 뿐
고여 흐르지 않는 둠벙 속에 깊이 숨어
끝끝내 나를 여기에 묶는 것은 무엇이냐

눈부신 붉은 산비탈
간간이 흔들리는 흰 들꽃들조차
가까이 터지는 남포 소리조차 아득히 멀고
흙에 갇힌 고된 노동도 죽음마저도
나를 일깨우지 않는다

흐린 불빛이
가슴을 누르는 소주에 취한 밤
목쉬인 노래와 칼부림으로 지새우는 모든 밤
뜬눈으로 지새우는 알 수 없는 몸부림에
기어이 나를 묶는 것은
아아 무엇이냐 무엇이냐
깨어 있어도 잠들지도 않는
끝없는 소리 없는 이 어설픔은 무엇이냐

밤마다 취해서 울던
붉은 눈의 해주海州 영감은 죽어버렸다
열여섯 살짜리 깨곰보도
취한 채 잠을 이루지 못한다

어디에 와 있는 것이냐
나는 살아 있는 것이냐
무딘 느낌과 예리한 어둠이 맞서
섞이지 않는다 부딪히지도 않는다
또다시 시퍼런 새벽이 온다

남포가 터진다
흙차가 돌아간다
나는 흙 속에 천천히 깊숙이
대낮 속에 새하얀 잠의 늪 속에 빠져들어간다
이것이 대체 무엇이냐.

비녀산

무성하던 삼밭도 이제
기름진 벌판도 없네 비녀산 밤봉우리
웨쳐부르던 노래는 통곡이었네 떠나갔네

시퍼런 하늘을 찢고
치솟아 오르는 맨드라미
터질 듯 터질 듯
거역의 몸짓으로 떨리는 땅
어느 곳에서나 어느 곳에서나
옛이야기 속에서는 뜨겁고 힘차고
가득하던 꿈을 그리다
죽도록 황토에만 그리다
삶은
일하고 굶주리고 병들어 죽는 것

삶은 탁한 강물 속에 빛나는
푸른 하늘처럼 괴롭고 견디기 어려운 것
송진 타는 여름 머나먼 철길을 따라
그리고 삶은 떠나가는 것
아아 누군가 그 밤에 호롱불을 밝히고

참혹한 옛 싸움에 몸 바친 아버지
빛바랜 사진 앞에 숨죽여 울다
박차고 일어섰다
입을 다물고
마즈막 우럴은 비녀산 밤봉우리
부르는 노래는 통곡이었네 떠나갔네

무거운 연자매 돌아 해 가고
기인 그림자들 밤으로 밤으로 무덤을 파는 곳
피비린내 목줄기마다 되살아오고
터질 듯한 노여움이 되살아오고
낡은 삽날에 찢긴 밤바람
웨쳐대는 곳

여기
삶은 그러나
낯선 사람들의 것.

녹두꽃

빈손 가득히 움켜쥔
햇살에 살아
벽에도 쇠창살에도
노을로 붉게 살아
타네
불타네
깊은 밤 넋 속의 깊고
깊은 상처에 살아
모질수록 매질 아래 날이 갈수록
훕뜨는 거역의 눈동자에 핏발로 살아
열쇠 소리 사라져버린 밤은 끝없고
끝없이 혀는 짤리어 굳고 굳고
굳은 벽 속의 마지막
통곡으로 살아
타네
불타네
녹두꽃 타네
별 푸른 시구문 아래 목 베어 횃불 아래
횃불이여 그슬러라
하늘을 온 세상을

번뜩이는 총검 아래 비웃음 아래
너희, 나를 육시토록
끝끝내 살아.

빈 집

달빛 고일 때
새푸르른 답싸리
무성한 저 빈 집 가득히 달빛 고일 때

삭아내린 삽작문 너머
그림자 하나 하얗다 사라져버리네 기인
기인 비명이 꿈처럼 들려오던
빈 집이여 가득히
달빛 고일 때

먼 마을로부터 삘리리
눈부신 구름으로부터 바람결에 삘리 삘리리
아련한 날라리 소리 들려오는 빈 집이여
뜨락 가득히 달빛 고일 때

아아 낯 가는 사람
숨죽여 흐느끼며 낯 가는 사람
대처로 떠나갔다 숨어 돌아와 마지막
한 벌 흰옷으로 갈아입고 난 사람

땅에 떨어진
낫 끝에 가득히 달빛 고일 때
아득한 하늘에 천둥 은은하게 흐를 때
땅에 떨어진
빈 집이여 빈 집이여
땅에 떨어진.

우물

우물에서 달을 길어
빠져 죽었네
두레박에

길게 누운 구름에 묻고 죽었네
꿈꾸던 산머리는
바람에 짤려
고원
아아 고원에서 지나간
지나간 날의 눈 깊은 국경의 밤에
높이 울던 하얀 말
높이 울던 무성의 찰수숫대
목줄기가 찢어졌네
꽃샘 아래 철죽목

온갖 이쁜 소리의 방울과 우렁찬
모든 종들이 굳게 굳게 입을 다물 때
밤이 깊으면 마른번개의 밤이 깊으면
젊어서들 죽었네
홀로 깨어 일어나 촛불을 밝힌 죄로

도래질을 남기고 끄덕임도 남기고
물 마른 우물전엔 홈을 남기고
두레박에 죽었네
우물에서 달을 길어
빠져 죽었네.

모래내

목숨
이리 긴 것을
가도 가도 끝없는 것을 내 몰라
흘러 흘러서
예까지 왔나 에헤라
철길에 누워
철길에 누워

한없이 머릿속으로 얼굴들이 흐르네
막막한 귓속으로 애 울음소리 가득 차 흘러 내 애기
핏속으로 넋 속으로 눈물 속으로 퍼지다가
문득 가위 소리에 놀라
몸을 떠는 모래내
철길에 누워

한번은 끊어버리랴
이리 긴 목숨 끊어 에헤라 기어이 끊어
어허 내 못한다 모래내
차디찬 하늘
흘러와 다시는 내 못 가누나 어허

내 못 돌아가 에헤라
별빛 시린 교외선
철길에 누워
철길에 누워.

남쪽

강물도 담벼락도
돌무더기도 불이 붙는
이 척박한 땅에 귀는 짤리고

바람은 일어
돌개바람 햇빛을 가려
칼날 선 황토에 눈멀었네
뜨거운 남쪽은
반란의 나라

거역하다 짤린 목이 다시 웨치다
웨치다 찢긴 팔이
다시금 거역하다
쇠사슬채 쇠사슬채 몸부림치다 이윽고
멈춰버린 수수밭
멈춰버린 멈춰버린 아아 멈춰버린
시퍼런 하늘 아래 우뚝우뚝 타버린
장승이 우네
뜨거운 남쪽은 반란의 나라.

2

백방 1

누가 백방이라 하였는가
백방산 나가미 위에
무수히 서 있는 저 여인들의
얼굴 얼굴
누가 백방이라 하였는가
저 무수히 바람에 갇혀
옹송거리는 어깨 움직임
누가 백방이라 하였는가
여기서 중국으로 중국에서
이리 떠나고 떠나오던
그 숱한 작별의 이야기들을
누가 백방이라 하였는가
어느 나무에
어느 나무 그늘에
그 사연 새겨졌는가
내 이제 짧은 머리
짧은 바지 차림으로
이 자리에 서서
홀로
잿빛 하늘을 향해 울부짖는다
여긴 왜 이제 항구가 아니냐.

백방 2

하얀 방에 누웠네
내 누구를 원망하랴
하얀 방에 누웠네
내 이제 와서 누구를 기다리랴
저 형광등 소리
저 형광등 타는 소리
빛깔이 아닌
빛깔이 아닌
가래 타는 소리
곁에 하나만 있다면
곁에 하나의 휴지통만 있다면
내 누구를 원망하랴
더 무엇을 그리워하랴
어차피 죽어가는 것을
그리고 가래를 뱉고 난 뒤
어차피 난 일어서 이 자리를 떠날 것을.

백방 3

흰 물결에 갇힌 때를 기억하자
흰 눈에 갇힌 때를 기억하자
흰 방에 갇힌 때를 기억하자
그러나 기억할 수 있겠는가
흰 살에 갇힌 때를 그 여자의 흰 살의 눈부심에 갇혔던 때를
만지지 마라 머리 위에 난 상처는 만지지 마라
만지지 마라
머리는 하늘을 이는 것
너의 왼손이 너의 오른손이
하늘을 만져 죄짓게 하지 마라
만질수록 깊어지는 하늘의 병.

불귀 不歸

못 돌아가리
한번 디뎌 여기 잠들면
육신 깊이 내린 잠
저 잠의 저 하얀 방 저 밑 모를 어지러움

못 돌아가리
일어섰다도
벽 위의 붉은 피 옛 비명들처럼
소스라쳐 소스라쳐 일어섰다도 한번
잠들고 나면 끝끝내
아아 거친 길
나그네로 두 번 다시는

굽 높은 발자욱 소리 밤새워
천정 위를 거니는 곳
보이지 않는 얼굴들 손들 몸짓들
소리쳐 웃어대는 저 방
저 하얀 방 저 밑 모를 어지러움

뽑혀 나가는 손톱의 아픔으로 눈을 홉뜨고
찢어지는 살덩이로나 외쳐 행여는
여윈 넋 홀로 살아
길 위에 설까

덧없이
덧없이 스러져간 벗들
잠들어 수치에 덮여 잠들어서 덧없이
한때는 미소 짓던
한때는 울부짖던
좋았던 벗들

아아 못 돌아가리 못 돌아가리
저 방에 잠이 들면
시퍼렇게 시퍼렇게
미쳐 몸부림치지 않으면 다시는
바람 부는 거친 길
내 형제와
나그네로 두 번 다시는.

비

새가 내린다
작은 새
하이얀 아침 접시꽃 위에
접시 위에
이 빠진 칼날 위에도 작은 새

어디에선가
붙잡힌 그이는
하늘에서부턴가
스미어 오는 발자욱 소리 또 밀이삭 소리
귀기울였나 귀기울였나
묶여 간 그이는 시방
고개를 넘었나

눈물은 웬일로 한 방울
피 흐르나
꽃접시
그 위에 내리는 종이 새
그 위에 죽어서 날으지 않는 종이 새
죽어서도 죽어서도 훨훨훨 날으지

그이는 날으지

새가 내린다
칼날 위에
칼날처럼 내린다
눈이 붉은 작은 새
젖고
마르고
또 젖어드는 내 눈망울 속에 꽃 접시
뜨락에도 붉은 꽃 접시

언제부턴가 떨리며
옛날부턴가 그 위에 위에
저주처럼 내려
내려 쌓이는
하이얀
종이로 만든
비.

지리산

눈 쌓인 산을 보면
피가 끓는다
푸른 저 대숲을 보면
노여움이 불붙는다
저 대 밑에
저 산 밑에
지금도 흐를 붉은 피

지금도 저 벌판
저 산맥 굽이굽이
가득히 흘러
울부짖는 것이여
깃발이여
타는 눈동자 떠나던 흰옷들의 그 눈부심

한 자루의 녹슨 낫과 울며 껴안던 그 오랜 가난과
돌아오마던 덧없는 약속 남기고
가버린 것들이여
지금도 내 가슴에 울부짖는 것들이여

얼어붙은 겨울 밑
시냇물 흐름처럼 갔고
시냇물 흐름처럼 지금도 살아 돌아와
이렇게 나를 못살게 두드리는 소리여
옛 노래여

눈 쌓인 산을 보면 피가 끓는다
푸른 저 대샆을 보면 노여움이 불붙는다
아아 지금도 살아서 내 가슴에 굽이친다
지리산이여
지리산이여.

타는 목마름으로

신새벽 뒷골목에
네 이름을 쓴다 민주주의여
내 머리는 너를 잊은 지 오래
내 발길은 너를 잊은 저 너무도 너무도 오래
오직 한 가닥 있어
타는 가슴속 목마름의 기억이
네 이름을 남몰래 쓴다 민주주의여

아직 동트지 않은 뒷골목의 어딘가
발자욱 소리 호르락 소리 문 두드리는 소리
외마디 길고 긴 누군가의 비명 소리
신음 소리 통곡 소리 탄식 소리 그 속에 내 가슴팍 속에
깊이깊이 새겨지는 네 이름 위에
네 이름의 외로운 눈부심 위에
살아오는 삶의 아픔
살아오는 저 푸르른 자유의 추억
되살아오는 끌려가던 벗들의 피 묻은 얼굴
떨리는 손 떨리는 가슴
떨리는 치떨리는 노여움으로 나무판자에
백묵으로 서툰 솜씨로
쓴다.

숨죽여 흐느끼며
네 이름을 남몰래 쓴다.
타는 목마름으로
타는 목마름으로
민주주의여 만세.

빈 산

빈 산
아무도 더는
오르지 않는 저 빈 산

해와 바람이
부딪쳐 우는 외로운 벌거숭이 산
아아 빈 산
이제는 우리가 죽어
없어져도 상여로도 떠나지 못할 아득한 산
빈 산

너무 길어라
대낮 몸부림이 너무 고달퍼라
지금은 숨어
깊고 깊은 저 흙 속에 저 침묵한 산맥 속에
숨어 타는 숯이야 내일은 아무도
불꽃일 줄도 몰라라

한 줌 흙을 쥐고 울부짖는 사람아
네가 죽을 저 산에 죽어

끝없이 죽어
산에
저 빈 산에 아아

불꽃일 줄도 몰라라
내일은 한 그루 새푸른
솔일 줄도 몰라라.

새

저 청청한 하늘
저 흰 구름 저 눈부신 산맥
왜 날 울리나
날으는 새여
묶인 이 가슴

밤새워 물어뜯어도
닿지 않는 밑바닥 마지막 살의 그리움이여
피만이 흐르네
더운 여름날의 썩은 피

땅을 기는 육신이 너를 우러러
낮이면 낮 그여* 한 번은
울 줄 아는 이 서러운 눈도 아예
시뻘건 몸둥아리 몸부림 함께
함께 답새라
아 끝없이 새하얀 사슬 소리여 새여
죽어 너 되는 날의 길고 아득함이여

낮이 밝을수록 침침해가는
넋 속의 저 짧은
여위어가는 저 짧은 볕 발을 스쳐
떠나가는 새

청청한 하늘 끝
푸르른 저 산맥 너머 떠나가는 새
왜 날 울리나
덧없는 가없는 저 눈부신 구름
아아 묶인 이 가슴.

*) 기어이의 방언.

무실리의 그 하얀 날

무실리
내 마음의 지도
배부른 산 무실리
붉은 딸기밭 한가로운 젖소들
배꽃 능금 꽃 복사꽃 눈부시게 흐드러지는 곳
푸른 옻 밭 너머론
이 시린 시냇물 뛰어 달리는 무실리
배부른 산 무실리
지금은 교도소

없다

폐허의 판잣집 살림에도
소풍 때만은 어머니가 싸주시는
김밥 입에 문 채 동무들 얼싸안고
벗겨낸 솔 껍질 향내 맡으며 뛰놀던
뛰놀던 그 하얀 날의 무실리
내 마음의 지도

중학교, 고등학교, 대학 때도 그 뒤까지도
나의 꿈자리, 누워 뒹굴며 꿈꾸던 자리
지금은 교도소

없다

어둡고 춥던 그 긴긴 밤
껴안아 가슴의 불꽃을 지켜준
아아 무실리, 머언 훗날에라도
기어이 찾아갈 빛나는 땅의 꿈
무실리
내 마음의 지도

없다

우두커니 서서
교도소에서 교도소로 돌아온
바람 부는 텅 빈 내 마음 한복판에
우두커니 서서
나는 지도 읽는 법을 다시 배운다

그 하얀 날의 무실리는 이제
오만 분의 일
그 어디에도

없다

내 빈 마음속에 저 거리 거리에
수군대는 소리들, 들끓는 생활의 외침 속에
덧없이 스쳐 지나는 짤막한 미소 언저리
그 밖에는 아무데도 아무데도

이제는
없다.

3

서시 : 소를 찾아나서다

우거진 풀 헤치며 아득히 찾아가니
물은 넓고 산은 멀어 갈수록 험하구나
몸은 고달프고 마음은 지쳐도 찾을 길 없는데
저문 날 단풍 숲에서 매미 울음 들려오네

—열 가지 소노래 첫째

네 얼굴이
애린
네 목소리가 생각 안 난다
어디 있느냐 지금 어디
기인 그림자 끌며 노을진 낯선 도시
거리 거리 찾아 헤맨다
어디 있느냐 지금 어디
캄캄한 지하실 시멘트벽에 피로 그린
네 미소가
애린
네 속삭임 소리가 기억 안 난다
지쳐 엎드린 포장마차 좌판 위에
타오르는 카바이드 불꽃 홀로
가녀리게 애잔하게
가투 나선 젊은이들 노래 소리에 흔들린다.

안산

저녁 무렵
여기 서서 보니
쇠창살 너머로 보니
피 흐르는 노을 인왕산을 넘어
노을에 찢긴 안산 피
인왕산을 넘어
내리 쏟아져 몰려가는 걸 보니
오른손도 왼손도
닿지 않는 내 등 한복판에 꽂힌 칼
칼이 밀어 노을에
노여움도 설움도
막지 못해 흐르는 내 가슴의 끝없는 새 피
피가 밀어 노을에
한 걸음 또 한 걸음
인왕산을 넘어
내리 엎으러져 몰려가는 내 마음속
부릅뜬 이괄의 두 눈 타는 핏발
외치는 이귀 저 쌔하얀 이빨을 보니
변함없는 것
되풀이되는 것

작은 풀씨 속에 초원이 자라는 것
좁은 빈틈에서 폭풍이 터져 나오는 것
가마 한 채 말 한 필 겨우
다닐 똥 말똥 좁아터진 길마재 외길에
서울 온 목숨이 달렸던 걸 보니
안산 노을을
여기 서서 보니
쇠창살 너머로 치어다보니.

초파일 밤

꽃 같네요
꽃밭 갔네요
물기 어린 눈에는 이승 같질 않네요
갈 수 있을까요
언젠가는 저기 저 꽃밭
살아 못 간다면 살아 못 간다면
황천길에만은 꽃구경 할 수 있을까요
삼도천을 건너면 저기에 이를까요
벽돌담 너머는 사월 초파일
인왕산 밤 연등, 연등, 연등
오색영롱한 꽃밭을 두고
돌아섭니다.
쇠창살 등에 지고
침침한 감방 향해 돌아섭니다.
굳은 시멘트벽 속에
저벅거리는 교도관의 발자욱 울림 속에
캄캄한 내 가슴의 옥죄임 속에도
부처님은 오실까요
연등은 켜질까요
고개 가로저어

더 깊숙이 감방 속으로 발을 옮기며
두 눈 질끈 감으면
더욱 더 영롱히 떠오르는 사월 초파일
인왕산 밤 연등, 연등, 연등
아아 참말 꽃 같네요
참말 꽃밭 같네요.

남한강에서

덧없는
이 한때
남김 없는 짤막한 시간
머언 산과 산
아득한 곳 불빛 켜질 때

둘러봐도 가까운 곳 어디에도
인기척 없고 어스름만 짙어갈 때
오느냐
이 시간에 애린아

내 흐르는 눈물
그 눈물 속으로
내 내쉬는 탄식
그 탄식 속으로
네 넋이 오느냐 저녁놀 타고

어둑한 하늘에 가득한 네 얼굴
이 시간에만 오느냐
남김 없는 시간

머지않아 외투 깃을 여미고
나는 추위에 떨며 낯선 여인숙을
찾아 나설 게다

먼 곳에 불빛 켜져 주위는
더욱 캄캄해지는 시간
이 시간에만 오느냐
짤막한 덧없는 남김 없는
이 한때를
애린

노을 진 겨울 강 얼음판 위를
천천히 한 소년이
이리로 오고 있다.

애린 50

땅 끝에 서서
더는 갈 곳 없는 땅 끝에 서서
돌아갈 수 없는 막바지
새 되어서 날거나
고기 되어서 숨거나
바람이거나 구름이거나 귀신이거나간에
변하지 않고는 도리 없는 땅 끝에
혼자 서서 부르는
불러
내 속에서 차츰 크게 열리어
저 바다만큼
저 하늘만큼 열리다
이내 작은 한 덩이 검은 돌에 빛나는
한 오리 햇빛
애린
나.

무화과

돌담 기대 친구 손 붙들고
토한 뒤 눈물 닦고 코 풀고 나서
우러른 잿빛 하늘
무화과 한 그루가 그마저 가려 섰다

이봐
내겐 꽃 시절이 없었어
꽃 없이 바로 열매 맺는 게
그게 무화과 아닌가
어떤가
친구는 손 뽑아 등 다스려주며
이것 봐
열매 속에서 속꽃 피는 게
그게 무화과 아닌가
어떤가

일어나 둘이서 검은 개굴창가 따라
비틀거리며 걷는다
검은 도둑괭이 하나가 날쌔게
개굴창을 가로지른다.

바다

넘치지는 않는다
고이는 바다
움푹 패인 얼굴에 움푹 패인 맷자욱에
움푹 패인 농부의 눈자위 속 그늘에 바다
열리지 않는 마른 입술 열리지 않는
감옥에도 바다
고이는 바다
매우 작다 조용한 노여움의 바다
넘치지는 않는다 물결이 일어
찢어지는 온몸으로 촛불이 스며든다
몸부림이 몸부림이 일어 압제여
때로는 춤추는 바다 번쩍이는 그러나
달빛이 없는 바다 불타지 않는 바다
매우 작다 압제여
조용한 노여움의 바다
어느 날 갑자기 넘쳐버릴 바다
넘치면 휩쓸어버릴 자비가 없는 바다
쉬지 않고 소리 없이 밑으로 흘러
땅을 파는 팔뚝에 눈에 입술에
가슴에 조금씩 고이는 바다
아직은 일지 않은 폭풍의 바다.

눈 내릴 때면

이리 눈 내릴 때면
여기면 여기고 저기면 저기지요
당신을 당신이라고 부르는 것은
그렇게 안 부를 도리가 없기 때문이지요
당신 당신이지요
나 이제 동백 함께 삽니다
나 이제 사철 함께 삽니다
내일 내 소식 들으세요

빗장 질린 문

해남은 바람이 거세서일까
우리 집 문은 밤에 꼭 한두 번은 저절로 열린다
빗장 질린 문이 왜 스스로 열리는 걸까?

사람의 손에 톱에 도끼에
나무가 잘릴 때
나무는 결심한다
넓은 벌판에서 우거진 숲속에서 자라던 자유로운 나무의 삶을 삶답게 지켜준 살아 뜀뛰는 나무의 야생의 꿈을 이제는 온힘으로 나뭇결에 집중할 것을

집중은 소리를 만드는 것
집중은 그늘과 함께하는 것
집중은 햇빛 밑에서도 햇빛과 관계없이 제 빛깔을 지키는 최소한의 보장
집중은 이제 잘리고 찍힌 나무와 나뭇결 속에서 깊은 한을 품은 채 해방을 그리는 모든 나무들의 야생의 꿈

꿈은 그리움을 빗장으로 하고
그리움은 꿈을 지키는 빗장

바람결 따라
끝없이 끊임없이 삐걱이다가
빗장 질린 채 문짝이 저절로 열리는 것은
내가 술 취했거나 잠들었기 때문,
 만약 잠 속에서도 내가 깨어 들을 수 있다면 아마도 틀림없이 저 아득하고 피 타는 그리움 때문에 터지기 시작하는 나무의 목 쉬인 낮은 울음소리를 들었을 것이다

마치 오늘 아침처럼
마치 오늘 아침에
빗장을 다시 지르던 내 손길의
그 기이한 손금의 감각들처럼
 마치 대문에서 돌아오는 내 눈 속에 깊이깊이 아로새겨져 영원히 잊히지 않을 듯싶은, 쌓아놓은 연탄재 위에서 할랑거리던 철 맞지 않은 마른 동백 잎 하나처럼.

달램

스산한 것
어디 마음뿐이랴
아프다
온몸이 여기저기
동백마저 얼어 시키먼 이 한때를
속절없이 달랠 뿐
밤이면
별 바래기로 올려 달래고
나 또한 한 떨기 허공중에
별자리로 누워 내리 달래고.

4

겨울거울 2

설운 것이 역사다
두려운 것 역사다
두려워도 피할 수 없는 것 역사
아하
그 역사의
잔설 위에 서서 오늘 밤
별 밭을 우러르며
역사로부터 우주를 보고
우주로부터 역사를 보고
잔설 속에서 아리따운 별 밭을 또 보고.

회귀

목련은 피어
흰빛만 하늘로 외롭게 오르고
바람에 찢겨 한 잎씩
꽃은 돌아
흙으로 가데

가데
젊은 날
빛을 뿜던 친구들 모두
짧은 눈부심 뒤에 남기고
이리로 혹은 저리로
아메리카로 혹은 유럽으로
하나 둘씩 혹은 감옥으로 혹은 저승으로

가데
검은 등걸 속
애틋했던 그리움 움트던
겨울날 그리움만 남기고
무성한 잎새 시절
기인 긴 기다림만 남기고

봄날은 가데
목련은 피어
흰빛만 하늘로 외롭게 오르고
바람에 찢겨 한 잎씩
꽃은 돌아
흙으로 가데

가데
젊은 날
빛을 뿜던
아 저 모든 꽃들 가데.

쉰

나이 탓인가
눈 침침하다
눈은 넋 그물
넋 컴컴하다
새벽마저 저물녘
어둑한 방안 늘 시장하고
기다리는 가위 소리 더디고
바퀴가 곁에 와
잠잠하다
밖에
서리 내리나
실 끊는 이 끝 시리다
단추 없는 작년 저고리
아직 남은 온기 밟고
밖에
눈 밝은 아내
돌아온다
가위 소린가.

생명

생명
한 줄기 희망이다
캄캄 벼랑에 걸린 이 목숨
한 줄기 희망이다

돌이킬 수도
밀어붙일 수도 없는 이 자리

노랗게 쓰러져버릴 수도
뿌리쳐 솟구칠 수도 없는
이 마지막 자리

어미가
새끼를 껴안고 울고 있다
생명의 슬픔
한 줄기 희망이다.

척분滌焚

스물이면
혹
나 또한 잘못 갔으리
가 뉘우쳤으리
품안에 와 있으라
옛 휘파람 불어주리니,
모란 위 사경四更
첫 이슬 받으라
수이
삼도천三途川 건너라.

줄탁啐啄

저녁 몸속에
새파란 별이 뜬다
회음부에 뜬다
가슴 복판에 배꼽에
뇌 속에서도 뜬다

내가 타죽은
나무가 내 속에 자란다
나는 죽어서
나무 위에
조각달로 뜬다

사랑이여
탄생의 미묘한 때를
알려다오

껍질 깨고 나가리
박차고 나가
우주가 되리
부활하리.

목련

눈을 뜨면 시커먼 나무 등걸
죽음 함께 눈감으면
눈부신 목련
내 몸 어딘가에서 아련히
새살 돋아오는 아픔
눈부신 눈부신 저 목련.

예전엔

예전엔 풍성했던
온갖 생각들 자취 없고

빈자리에
메마른 나무 그림자 하나

새야
와 앉으렴

앉아
새노래를 불러주렴

겨울이 깊을수록
파릇파릇한
보리싹의 노래

매화의 노래
그리고 새빨간
동백의 노래

내 안에 다시 태어나는
나 아닌 나의 노래

새봄 7

우주의 밑바닥에서
목련이 피어오른다

푸른 새순 돋는가
온몸 쑤시고

우울의 밑바닥에서
우주가 떠오른다

마음에 나직한
새 울음소리

외로움이 외로움과 손잡고
나무가 나무와 얽히는
바람 부는 작은 봄 공원

나는 없고
우울의 얼굴만
하늘로 높이 떠오른다
거기 쓰여 있다

사람은 영생
사람은 무궁이라고

우울은 어느덧
자취 없이 사라지고
나비 한 마리
하늘하늘 난다.

중심의 괴로움

봄에
가만히 보니
꽃대가 흔들린다

흙 밑으로부터
밀고 올라오던 치열한
중심의 힘

꽃피어
퍼지려
사방으로 흩어지려

괴롭다
흔들린다

나도 흔들린다

내일
시골 가
가
비우리라 피우리라.

5

나 한때

나 한때
잎새였다

지금도
가끔은 잎새

해 스치는 세포마다
말들 태어나
온 우주가 노래 노래부르고

잎새는 새들 속에
또 물방울 속에
가없는 시간의 무늬 그리며
나 태어난다고
끊임없이 노래부르고 노래부른다

지금도
신실하고 웅숭스런
무궁한 나의 삶

내 귓속에
내 핏줄 속에 울리는
우주의 시간

나 한때
잎새였다

지금도
가끔은 잎새

잊었는가
잎새가 나를 먹이고
물방울이 나를 키우고
새들이 나를 기르는 것

잊었는가
나
오늘도
잎새 속에서
뚫어져라 뚫어져라

나를
쳐다보는 것.

겨울 새벽

새벽 다섯 시
한겨울

동쪽 향하고 앉는다

아직은 캄캄한 하늘
아직은 그저
신화일 뿐

떠오르지 않는 소문 속의 먼동

소문 속의
성배聖杯의
소명

기다림만이 아닌
일어나 동쪽으로 먼저 걸어감

더욱 어둡고
훨씬 춥고 또 괴로운

해맞이.

동 트기 전 몇 걸음이 곧

꿈.

꽃

옛
유럽인들은
동방
해 뜨는 곳이라 부르지만

옛 동아시아인들은
서역이라
그리워하던

그 풍요의 땅
사마르칸트

아침에
식사 한 접시에도

꽃이 핀다

아
꽃은 그리움

꽃은 그리고
융합!

흰 그늘

해 뜨기 전엔
새하얀 물

해 뜨고 난 뒤
검다

바이칼은 이미 흰 그늘

지구의
성스러운 구멍

아!
편하다

아침 여덟 시

맑은 태양 아래 선다

안개덩어리들 다가와
그냥 스쳐 지난다

여기
내 자유를

이제
어찌할 것인가.

못난 시 4

나
이제껏
그리 믿었는데

난 실패한 인생이라
그리 생각했는데

오늘 아침
하늘 흐리고
할 일은 많은데

원고 부치러 우체국 가는 길
잠깐 멈춰 서
문득
생각한다

혹시 실패가 아닐 수도 있다고
성공은 꼭 아니라도
실패만은
아닐 수도 있다고

두 분 어머니 편히 보내드렸고
아내는 강원도에서 토지문학관
일 열심히 하고 있고
그러다 주말엔 만나
함께 설거지하고

그동안
정신병으로
소 닭 보듯
닭 소 보듯 하던
두 아들과
기인 긴
촛불 이야기들을 나누고

이십 년 중독된
수면제를 끊고도
밤에
서너 시간은 꿈 없이 잔다
도나캐나지만
두 군데 대학에서 석좌로 특강

밥벌이하고

지하철 경로석
무임승차하니
세상이 다 고맙다

그러고는 가끔씩 이렇게
못난 시도 쓴다

빗방울 듣는다

길거리 달리는 버스들 옆구리에
광고 광고 광고들

'욕심을 키워라'
'아이디어를 훔쳐라'
'생각이 에너지다'
'영혼이 경제력이다'

내 속 깊은 밑바닥에서

한마디 올라온다

단 한마디,

'바보가 되자'

혼자서
빙긋 웃는다

미친 건가?

숲 속의 작은 공터

왠지
그럴 것 같애

숲 속의
작은 공터에 갔다
거기
잃어버린 할아버지
계실 것 같애

고즈넉하고 소슬한 자리
홀로 울고 계실 것 같애

바람 불고
비 오는 날

사랑도 꿈도 모두
나를 떠난 날

거기 홀로
울고 계실 것 같애

숲 속의
작은 공터
가고 또 갔다

내 이름처럼
작은 꽃 한 송이
피우기 위해

좁은 내 마음속으로
망명하고 망명했다

거기 홀로 앉아
느을
늙어서
울곤 했다.

용문龍門

내게
네 눈빛이 오면

내 넋 속에
침이 꽂히고

침이
내 몸 저 아래쪽
웅덩이에서 한 마리 못난
붕어를
들어올려

높은 곳 아득히 저 높은 곳
용문으로 들어올려

내일은
날개를 단다.

아하
하당아 하당아

고향 뻘바탕의
이젠
있지도 않은 옛옛
검은
꿈자리야
무덤 자리야.

흰 꽃

— 병인丙寅 5월 12일 경북 청도칠곡淸道七谷에서 지난 산알과 흰 그늘 노래 121편에 이은 마지막 한 편 '흰 꽃'이 왔다.

경북
청도의 칠곡
숲속이다 대낮이다
창밖에 하아얀
민들레 씨 가득히 난다

가득가득하던
그 아득한 옛 감옥창살에서
생명을 깨우쳤더니

오늘
여기엔
왜 오시나

가슴 먹먹한 저 밑에서
희미하게 떠오르는
아내의
흰
빛
아이 엄마의

흰

아
평화.

내 생애 처음의 사랑
그렇다
개벽.

무승당해탈無勝幢解脫과 선비리善悲籬와 모심의
하얀 꽃 한 송이,
영일英一.

달

절필絶筆. 애월涯月.
어화漁火.
밤바다의 달,
나는 떠나야 한다. 여기 머물면
끝이다 끝을 넘어
저 먼 곳
가야 한다. 가야 한다.
애월.

밤바다의 달.

나의 운명

등탑燈塔의 등燈은
빛
촛불의 빛

빛이 썩어
액돈의 부패가 되어

나는
한 줌도 못 되는
썩은 송장으로 흩어져 없어지리

여기
이 누운 자리

생각 생각
그리운 모심의 자리에서
죽어 없어지리
바로
지금

내가 모심을 외우고
믿고 생각하는 이 침실에서

이 새벽
그리
다른 기적 없으리

그것이
나의
때의
운명

저 청청한
아득한 푸른 하늘

내 마음
내 삶은 거기 흐르는
흰 구름
너는 누구냐
지금 내 앞에 서 있는

나는 어디에 속하는 잠시 동안의
무슨 바람인가

내
이제
세상을 떠나

저 기이한 박달재로 간다

거기
작은 하나의
돌이 되러.

김 지 하

연 보

1941년 전남 목포의 동학농민운동가 집안에서 출생. 원주 중학교 재학 중 지학순池學淳 주교와 인연을 맺은 뒤 서울 중동고등학교에 입학.

1959년 서울대 문리대 미학과 입학.

1960년 민족통일전국학생연맹 남쪽 학생 대표로 활동, 5·16 이후 수배를 피해 도피생활을 함.

1964년 6·3항쟁으로 4개월간 수감.

1966년 서울대학교 미학과 졸업.

1969년 《시인詩人》 지에 「황톳길」 등 시 5편 발표.

1970년 담시 「오적五賊」 필화 사건. 첫 시집 「황토」 간행.

1974년 민청학련 사건으로 사형 선고받음, 7월 무기징역으로 감형.

1975년 출옥 후 옥중기 「고행—1974」 발표, 재차 투옥.
〈로터스 Lotus〉 특별상, 아시아 아프리카 작가회의 LOTUS 특별상 수상.
노벨문학상 후보 추대.

1976년 반공법 위반으로 징역 7년 선고(1980년 형 집행정지).

1981년 국제시인대회 위대한 시인상, 브루노 크라이스키 인권상 수상. 시집 『타는 목마름으로』, 소설 『남南』, 이야기 모음 『밥』 『남녘땅 뱃노래』 등 간행.

1985년 미국 사회연구대 명예박사.

1993년 서강대학교 대학원 명예박사.

1993년 제5회 이산문학상 수상.

1999년 율려학회 창립.

2002년 제14회 정지용문학상, 대산문학상 수상.

2002년 제17회 만해문학상(시집 화개花開) 수상.

2003년 『생명학 1-생명사상이란 무엇인가』 간행.

2003년 경기도 주관 전세계의 『세계 생명문화 포럼』 4년간 연속 회의 주최.

2005년 산문집 『흰 그늘의 미학을 찾아서』 간행.

2005년 시와시학상 수상.

2006년 명지대 교양학부 석좌교수. 제주대 명예 문학박사.

2006년 제10회 만해대상(평화부문) 수상.

2007년 동국대 생태환경연구센터 석좌교수.

2008년 원광대 원불교학과 석좌교수.

2008년 전시회 <김지하 달마전-지는 꽃 피는 마음> 개최.

2009년 산문집 『소곤소곤 김지하의 세상이야기』 간행.

2010년 시집 『시 삼백 1, 2, 3』, 그 외 시집, 산문집, 공연, 전시활동 다수.
영랑문학상, 경암학술상 예술부문 수상.

2011년 제2회 민세상 수상.

저서　시집 『황토』『오적』『애린』『검은산 하얀방』『이 가문 날에 비구름』『별 밭을 우러르며』『중심의 괴로움』『못난 시들』『친애하는 국민 여러분』『이것 그리고 저것』『생명 이 찬란한 총체』『대설』 등.
　　　산문집『밥』『남조선 뱃노래』『살림』『생명』『생명과 자치』『모로 누운 돌부처』『나의 어머니』『사상기행』『예감에 가득찬 숲그늘』 희곡『나폴레옹 꼬냑』 등.
　　　시론『풍자냐 자살이냐』 등.
　　　기타 『율려란 무엇인가』『예감에 가득 찬 숲그늘』『옛 가야에서 띄우는 겨울 편지』『인문학과 생태학』『생명학』『흰 그늘의 미학을 찾아서』『옹치격(김지하산문집)』『흰 그늘의 길:김지하 회고록』 등 107권.

〘한국대표명시선100〙을 펴내며

한국 현대시 100년의 금자탑은 장엄하다. 오랜 역사와 더불어 꽃피워온 얼·말·글의 새벽을 열었고 외세의 침략으로 역경과 수난 속에서도 모국어의 활화산은 더욱 불길을 뿜어 세계문학 속에 한국시의 참모습을 드러내게 되었다.

이 나라는 글의 나라였고 이 겨레는 시의 겨레였다. 글로 사직을 지키고 시로 살림하며 노래로 산과 물을 감싸왔다. 오늘 높아져 가는 겨레의 위상과 자존의 바탕에도 모국어의 위대한 용암이 들끓고 있음이다.

이제 우리는 이 땅의 시인들이 척박한 시대를 피땀으로 경작해온 풍성한 시의 수확을 먼 미래의 자손들에게까지 누리고 살 양식으로 공급하는 곳간을 여는 일에 나서야 할 때임을 깨닫고 서두르는 것이다.

일찍이 만해는 「님의 침묵」으로 빼앗긴 나라를 되찾고 잃어가는 민족정신을 일으켜 세우는 밑거름으로 삼았으며 그 기름의 뜻은 높은 뫼로 솟아오르고 너른 바다로 뻗어나가고 있다.

만해가 시를 최초로 활자화한 것은 옥중시 「무궁화를 심고자」(《개벽》 27호 1922. 9)였다. 만해사상실천선양회는 그 아흔 돌을 맞아 만해의 시정신을 기리는 일의 하나로 '한국대표명시선100'을 펴내게 된 것이다.

이로써 시인들은 더욱 붓을 가다듬어 후세에 길이 남을 명편들을 낳는 일에 나서게 될 것이고, 이 겨레는 이 크나큰 모국어의 축복을 길이 가슴에 새겨나갈 것이다.

만해사상실천선양회

한국대표명시선100 | 김지하

빈 산

1판1쇄 발행 2013년 7월 25일
1판2쇄 발행 2020년 11월 20일

지 은 이 김지하
뽑 은 이 만해사상실천선양회
펴 낸 이 이창섭
펴 낸 곳 시인생각
등 록 번 호 제2012-000007호(2012.7.6)
주   소 고양시 일산동구 호수로 688. A-419호
          ㈜10364
전   화 050-5552-2222
팩   스 (031)812-5121
이 메 일 lkb4000@hanmail.net

값 6,000원

ⓒ 김지하, 2013
ISBN 978-89-98047-85-6 03810

* 저자와의 협의에 의하여 인지를 생략합니다.
* 이 책의 저작권은 저자와 시인생각에 있습니다.
* 잘못된 책은 책을 구입하신 서점에서 교환하여 드립니다.

※ 이 책은 만해사상실천선양회의 지원으로 간행되었습니다.